LA BOURSE

ou

LA VIE.

ARGENT ET ÉCHANGE.

PAR

UN CONVERTI.

PRIX : 1 FRANC.

PARIS

CHEZ DENTU, LIBRAIRE, PALAIS-ROYAL.

A TOULOUSE

Chez MM. GIMET, JOUGLA et DELBOY, Libraires.

—

1856.

R

LA

BOURSE OU LA VIE.

ARGENT ET ÉCHANGE,

Imprimerie de Ph. Cordier,
rue du Ponceau, 24.

LA BOURSE

OU

LA VIE.

ARGENT ET ÉCHANGE.

PAR

UN CONVERTI.

PRIX : 1 FRANC.

PARIS

CHEZ DENTU, LIBRAIRE, PALAIS-ROYAL.

A TOULOUSE

Chez MM. GIMET, JOUGLA et DELBOY, Libraires.

—

1856.

LA BOURSE OU LA VIE.

ARGENT ET ÉCHANGE.

I.

Un vieillard dont l'esprit toujours jeune résiste aux glaces de l'âge, et le cœur toujours bienveillant, aux dures épreuves de l'expérience, nous disait après avoir lu le dernier rapport de M. d'Argout :
» Messieurs, je sens une révolution dans l'air ! une
» révolution qui ne fera point couler des larmes,
» mais qui répandra l'abondance, et je crois notre
» gouvernement capable de se prêter à l'opération.

» s'il ne l'entreprend à lui tout seul. — L'argent est
» trop cher, l'argent manque à tout le monde,
» l'argent préoccupe tous les esprits. La Bourse de
» Paris ne suffit plus à contenir la foule des beso-
» gneux qui courent à l'argent, non par avidité mais
» par urgence; et l'argent est long à venir, il ne
» peut suffire à la millième partie de ses fonctions ;
» il marche lent, lourd, gauche, cauteleux. L'ar-
» gent et l'or sont des rouages qui dépensent inu-
» tilement ou perdent les quatre vingt-dix-neuf cen-
» tièmes de la force qu'ils absorbent; il ne sont pas
» en harmonie avec nos découvertes modernes : la
» vapeur, l'électricité, le code Napoléon.

» Banques, comptoirs, maisons de crédit ou
» d'escompte, caisses industrielles ou agricoles :
» organes fatigués, épuisés, épuisants, qui se
» sentent mourir. Pareil à ces malades revêches qui
» croient jouir de leurs restes en jugulant leur en-
» tourage, l'argent accable sa clientèle d'usure,
» de papier timbré ; le vampire veut qu'on use à son
» service, jeunesse, force, intelligence; qu'on tombe
» de lassitude à son chevet ; on est criminel d'oublier
» son heure, son jour. Il se plaint, il dénonce; il
» excite la justice hésitante pour la première fois.
» La justice indignée de ne pouvoir prononcer sans
» que ses arrêts ne favorisent un *chantage* de l'ap-

» pelant ou de l'intimé, la justice arrêtée par le
» doute que soulèvent toujours les discussions d'ar-
» gent, n'ose commettre son caractère entre des
» parties qui ne se doivent rien en immoralité.

» Interrogez les banquiers, ils n'ont point d'ar-
» gent pour le commerce, consultez les notaires, ils
» n'ont point de fonds pour l'agriculture ; tout le
» numéraire est au jeu, à la spéculation, au prêt
» sur gage, sur valeurs. On ne parle plus d'intérêts,
» il n'y a que des commissions : le taux de deux
» pour cent par mois, est la moyenne du cours dans
» les grosses affaires, dans les autres on ne compte
» plus : c'est une question de risques à courir,
» chacun prend ses précautions en conséquence.

» La première fut le billet, engageant les biens
» et l'honneur du débiteur ; la seconde, la lettre
» de change, considérée comme acte de commerce,
» livrant le corps aux créanciers ; — dans l'ancienne
» Rome, ces messieurs pouvant se distribuer les
» membres de la victime, il y a progrès — La
» prise-de-corps ne suffisant plus à la *bonne foi* des
» tiers-porteurs — fiction respect — viennent
» les achats et reventes des marchandises, les ré-
» quins empaillés de Molière, les trente mille
» francs de hameçons que promènent depuis dix
» ans tous les courtiers de Paris — troisième ga-

» rantie, police correctionnelle; enfin on fait com-
» mettre, dit-on, aux emprunteurs d'aujourd'hui des
» *faux matériels*, pour posséder la dernière garantie,
» la Cour d'assises, en cas de non paiement!
    » Ce trouble moral gros d'une crise, d'une solu-
» tion très-prochaines, cette fièvre, cette irritation
» sur un point dénoncent la présence d'un corps
» étranger qu'il faut expulser de l'économie. »

Quoiqu'il en soit de ces pronostics, l'argent est
encore le sang, la sève, le nerf de la société. Autour de lui s'agiteront vainement les questions éco-
nomiques si celle du numéraire n'est point vidée;
elle est reléguée au second plan dans les livres, mais
le public qui va droit au positif ne s'occupe que de
celle-là.

Qu'est-ce qu'une marchandise, qu'est-ce qu'un
produit, qu'est-ce qu'un instrument d'échange de
circulation, qu'est-ce qu'un signe ? L'or, l'argent sont-ils une marchandise, sont-ils un signe ?
leur abondance est-elle utile, leur rareté est-elle
un mal ? Serons-nous condamnés à subir toujours
l'influence exercée par les métaux dits précieux, qui
à l'état de marchandise, c'est-à-dire objets de
consommation, sont d'un usage soumis aux caprices de la mode, ne flattent qu'un sens, la vue,

auxquels sont attribués cependant, le monopole des transactions, le droit de mesurer les valeurs; de régler le prix des choses, encore de représenter partout les richesses de tous les pays, les forces de toute nature ? Or la vie étant l'emploi des forces que l'homme crée ou dont il dispose, et la vie humaine étant complète lorsque à la possession des forces s'unit la pondération de leur emploi, l'homme doit-il continuer à jouer sa vie sur la production variable de deux métaux ?

Les Anglais ont nommé la Bourse le marché de la monnaie, *money market*, marché du signe, par conséquent le marché général; ailleurs, ce sont des foires, des bazars pour les produits, les marchandises, ce sont des spécialités, si l'on peut s'exprimer ainsi. La Bourse étant marché universel, on comprend que les affaires de bourse aussi nombreuses que variées, quoiqu'il n'y soit offert, que de la monnaie papier ou argent, deviennent plus intéressantes à étudier et plus importantes de jour en jour.

L'argent ne sert pas d'équivalent à l'honneur, mais après cette concession, on nous accordera que l'argent, adopté comme compensation légale, amendes, dommages, prime dans la pratique l'honnêteté. On débite, comme par manière de parler, quelques aphorismes sur l'abnégation, la sagesse, la vertu : un peu par manière de parler, on vante aux jeunes gens la vertu civique du grand Caton, alors qu'on commet l'oubli très-préjudiciable à la plupart d'entre eux, de leur montrer ce digne citoyen plaçant ses fonds à cher denier, vendant par économie ses esclaves devenus vieux, disant à son fils *qu'il n'appartient qu'à une femne ou à un fou de dévorer son patrimoine*; Sénèque, riche à millions, écrivait sur *le mépris des richesses*; de nos jours, le plus fécond des vaudevillistes a acquis une grande fortune, en vendant des chansons dont la morale est ainsi formulée : *l'or est une chimère!* Les *comédiennes vertus* de M. de Montaigne datent de loin : on abomine le veau d'or, on insulte à la cassette, on est simplement hypocrite, quelquefois ingrat.

Aussi les protestations contre l'agiotage, les anathèmes fulminés contre le temple ou la caverne des voleurs, doivent-ils expirer sur les dalles du monument le plus catholique du monde — l'opéra vient après lui — les fidèles du lieu offrant le mélange de tous les âges, de tous les sexes, de toutes les races, de toutes le religions.

A Dieu ne plaise que nous blâmions les écrivains qui ont médit de la Bourse, surtout s'ils y ont perdu de l'argent et si leurs épigrammes les font vivre : tout ce qui se paie est bon à quelqu'un ou à quelque chose ; il n'est que ce que l'on donne qui ne vaille rien, désoblige, nuise même à qui reçoit. L'étude de la Bourse exerce l'esprit de deux classes d'auteurs : les narrateurs rapportant les faits, les opérations, les chiffres, puis les critiques qui commentent, raisonnent, moralisent. Chez ces derniers, grimauds ou grands seigneurs, on n'entend qu'une voix, un cri, un concert de voix, de cris : haro sur la Bourse, les financiers, les juifs ! Sous leur plume, l'histoire de la Bourse est le compte de toutes les scélératesses ou brigandages impunis. Si la loi de Lynch s'appliquait chez nous, la prédiction de ce diable de Fournier-Verneuil s'accomplirait par *la suspension aux grands arbres du boulevard, des agens de change, banquiers, boursiers, agioteurs,* etc.

Parce que la fortune fut souvent le prix d'une iniquité, les financiers sont-ils tous des coquins ? Les Israélites le cèdent-ils aux chrétiens en courage, en vertu ; sont-ils moins soucieux de leur famille, moins aimants ? Ce sont des gens d'argent, d'usure, dit-on — ne seraient-ils pas plus prévoyants que nous, où même plus conséquents seulement à des principes financiers communs

àtous les hommes. Le tapage autour des coffre-forts
par les prodigues ou les meurt-de-faim, n'atteste-
rait-il pas plutôt une déception chez les criards,
qu'un dédain philosophique des richesses. Les im-
précations ni les grands éclats ne remédient à rien :
verba et voces ! Portez vos pleurs plus loin, résignez-
vous ou procédez différemment. En savez-vous plus
long que d'autres, parlez, surtout pratiquez : laissez
gémir les enfants, les vieillards, mais des hommes
geindre, se lamenter comme des femmes, insulter
au triomphateur comme la plèbe romaine..... fi
donc !

Quand on étudie la question sous ses deux faces,
quand on regarde sans prévention, on voit des
malheurs sans doute, on ne voit pas de crimes; on
assiste à des meurtres affreux, on ne rencontre pas
d'assassins. — Il existe une institution fatale en ses
conséquences horribles, que la Société doit subir, sous
peine d'anarchie, de dislocation. — La morale,
les moralistes n'y ont rien fait, n'y feront jamais
rien, que noircir du papier, ajouter au cancer la
douleur d'un pansement inéficace; il faut ôter le
cancer, ou nous condamner tous à rester lépreux.
L'agent de la circulation des produits remplit dans
l'économie sociale la fonction du système artériel et
veineux dans l'économie animale ; cœur gâté, cir-

culation corrompue : la volonté des individus ne peut changer leur état morbide.

On invite à l'amour, à la fraternité : les hommes ne se refusent point à rester bons, sensibles, justes ; avant de les accuser de cruauté, rendez-leur ces qualités, non pas faciles, mais possibles. Il n'est pas rare de rencontrer chez les adversaires de l'avarice et autres précautions inhérentes à la possession du numéraire, des personnages d'une sordidité à tous crins, digne des Schillok et des Harpagon : fiez-vous à leurs propos, mais tenez-vous sur vos gardes.

On ne peut être porteur d'argent impunément : on ne peut être privé d'argent impunément. Dans le premier cas, on se sauve, on s'isole, on défend sa porte, on défend son cœur, on se cantonne entre les quatre murs d'une forteresse inaccessible aux mendiants ; dans le second, on disparaît dans les profondes et infimes couches de la multitude : on s'abêtit des deux côtés, on s'étourdit, on se bouche les oreilles, les yeux ; c'est obligé, c'est forcé, la logique l'impose. Propositions vieilles comme le genre humain, quel témoin irrécusable oserait protester contre vous !

Outre que la critique de la Bourse plaît aux esprits contemplatifs, elle soulage les bonnes gens qui, n'acceptant pas les dures conditions de la vie active, se réfugient dans la médiocrité dorée, égoïste, sobre, que sa prétendue sagesse ne met à l'abri d'aucun accident..... elle plaît aux amoureux, aux visionnaires. — En fait, la Bourse est aujourd'hui le métronome, le diapazon de l'harmonie sociale, la pierre de touche des valeurs, la confession sincère des intérêts publics et privés. Que la Bourse soit fermée, tout travail cesse, car le crédit marche en raison de la négociation des valeurs, et sans un marché constamment ouvert à tous, il n'est plus d'opérations réalisables hors des conditions obscures, judaïques.

Mais, à ce point de vue, la critique se tait : elle n'attaque, dit-elle, qu'une sorte d'opérations, celle des *marchés à livrer*. Or, toutes les opérations de bourse se réduisant à deux expressions : *le comptant* ou *le terme*, et sur cinquante marchés, quarante-neuf étant passés à terme — le comptant n'étant effectué lui-même que pour être, en général, vendu *à prime* — il est évident que la proscription des marchés à livrer, réduisant aux besoins courants les transactions commerciales, détruirait l'équilibre constant qui s'établit, par la spéculation, entre l'offre et la demande. Les besoins sont en industrie ce que les forces vives sont dans la mécanique, la spéculation est le volant qui accaparant la force la distribue avec régularité. Que deviennent les valeurs,

même les marchandises lorsque le jeu les abandonne;
où iront les compagnies dont les actions sont écartées
du parquet et de la coulisse ?

Nous ne prétendons pas établir la légitimité des
marchés à terme sur les dangers que leur suppression
entraînerait, quoique cette sorte d'argument soit la
meilleure, s'il faut savoir en ce monde vivre avec son
mal ; mais nous dirons d'une manière absolue : le
jeu, le pari, la spéculation procèdent de la plus haute
propriété de l'esprit humain, la Causalité : en vertu
de laquelle le philosophe remonte à l'infini, le prêtre
à la providence de Dieu, l'astronome à la prédiction
des éclipses, la tireuse de cartes à la divination, le
croupier de la roulette à sa martingale *sûre*. La
causalité cause tout cela nécessairement, c'est-à-dire
invinciblement, involontairement, fatalement, parce
qu'il est de la nature du cerveau d'être causal.
Ainsi, l'estomac est famélique, ainsi les ongles et les
cheveux croissent. C'est dire au sang, tu ne circu-
leras pas, que de dire à l'homme civilisé : tu ne
joueras point.

On blâme les joueurs, les spéculateurs, moi je
demande quel est l'homme qui ne spécule pas. Le
fermier qui loue un domaine, contracte un bail
qui l'engage pour toute sa vie, ne suppute-t-il pas les
chances des bonnes ou des mauvaises récoltes, le

prix variable des denrées, le croît ou la mortalité des bestiaux, l'instabilité des saisons. Son fils écolier, étudiant, avocat, puis juge, déclarera nuls les marchés à terme..... le père n'aura point spéculé, joué sur l'avenir de ce fils, compté sur une série favorable de circonstances très-épineuses. Prévoir que la rente du *Trois pour cent* peut hausser ou baisser de quelques centimes à la liquidation de la fin du mois, serait acte de folie, et engager l'existence d'un petit garçon sur les événements qui *s'accompliront* durant les vingt-cinq premières années de sa vie, avec la chance désastreuse qu'il prendra au sérieux les leçons des philosophes, serait d'une sage prévision ! Parce que quelques écervelés se ruineront à la Bourse, faudra-t-il en éloigner tous les citoyens, ou leur laisser ignorer les ressorts du crédit moderne, de leur propre fortune. Veut-on, en un mot, sous la pompe des phrases, ménager le monopole des affaires aux monopoleurs, en déblatérant contre l'institution vulgarisatrice des ressources générales. Bâtissez quelque caravansérail plus humanitaire que le palais de la Bourse, où l'on sera autorisé à prêcher d'exemple, mais laissez les spéculateurs en repos.

Rien n'est plus décevant que la sentimentalité : on rencontre des esprits béats, qui acceptent ses thèmes agréables, ils cultivent des billevesées un temps, puis la désillusion arrivant avec la gêne, les meilleures natures tombent dans un autre excès : autant de cœurs intoxiqués de dévouement, de générosité, autant de don Quichotte bons pour finir à l'hôpital. Les personnes occupées doivent se mettre à l'abri d'erreurs tolérables seulement chez les gens oisifs; encore ceux-ci ne sont-ils guère victimes de théories qu'ils pratiquent modérément. On sait que les armées bien entretenues se battent mieux que les soldats sans pain, partout la vertu — *Virtus* — suit l'aisance, l'honnêteté, le profit. Des auteurs dramatiques et romanciers composent, à l'encontre de cette règle, d'assez agréables intrigues; c'est encore à la Bourse qu'ils sont flattés de faire coter leur littérature : la Bourse donnant, sans s'émouvoir, une estimation au paradoxe dirigé contre elle-même; si le paradoxe a du débit, constate froidement le cours de cette valeur.

La question des marchés à terme fut soulevée au conseil d'État devant l'Empereur; on proposait d'assimiler au stellionataire le vendeur sans possession de titres. M. Boscary de Villeplaine, alors syndic des agents de change de Paris, avait été appelé; il détruisit toutes les objections par cette simple phrase : «Sire, lorsque mon porteur d'eau est à ma

» porte, commettrait-il un stellionat en me vendant
» deux tonneaux au lieu d'un qu'il y a ? — Non
» certainement, répondit l'Empereur, puisqu'il est
» toujours certain de les trouver à la rivière. — Eh
» bien, Sire, il coule à la Bourse une rivière de
» rentes. »

Vous allez trop loin, dira-t-on, en assimilant le jeu, le pari, à la spéculation : ceux mêmes qui partagent votre avis sur les marchés à terme, MM. les agents de change et MM. les juges du tribunal de commerce, admettent hautement la distinction que vous ne faites pas.—Je sais que par un abus de langage dont la Cour de cassation n'est pas la dupe, le négoce officiel, distingue, cherche à déguiser la similitude des deux opérations. Pour moi, je l'avoue, le pari, le jeu, la spéculation sont à mes yeux une même chose, tirent leur source du même sentiment, procèdent du même mobile, entraînent aux mêmes résultats. Ici la forme ne change pas le fond. Il appartient à la Police d'autoriser tels ou tels jeux, c'est-à-dire de déclarer que la science des probabilités admet que telles conditions rendent égales les chances des joueurs ; mais la Justice ne tient compte que de l'inobservance des règlements de police, ou de la sincérité des conventions ; car, si elle punissait les joueurs, sa sévérité devrait s'étendre autant sur l'homme heureux que sur celui que trahit la fortune. La Justice comprend qu'elle ne peut pas prononcer en ces matières, elle les éloigne de son sanctuaire ; l'établissement de tribunaux spéciaux montre combien ces discussions entre marchands sont délicates à toucher. Mais n'enseignons pas aux juges leur métier, notre tâche consiste à étudier avec le lecteur l'avantage des opérations de la Bourse de Paris, toutes également tolérées, sinon judiciairement légitimées.

Le calcul des probabilités, basé sur les propriétés des grands nombres, a créé la statistique, science toute nouvelle, féconde en résultats intéressants. Il y a deux cents ans seulement qu'on s'est occupé de calculer les chances diverses des jeux ; un homme du monde, un spéculateur peut-être, un joueur assurément, le premier a tenté de réduire en lois les hasards de la fortune : il fut secondé dans ses études par deux illustres mathématiciens de son temps, Pascal et Fermat. Tous les géomètres ont énoncé des formules, donné des méthodes pour régler le sort, Laplace a pu écrire : « Tous les » événements, ceux même qui, par leur petitesse, » semblent ne pas tenir aux grandes lois de la na- » ture, en sont une suite aussi nécessaire que les » révolutions du soleil... La courbe, décrite par

» une simple molécule d'air ou de vapeur, est réglée
» d'une manière aussi certaine que les orbites pla-
» nétaires ; il n'y a de différence entre elles que celle
» qu'y met notre ignorance. » D'aucuns dirent de
ce travail de Laplace, que c'était son livre le plus
médiocre ; ils parlaient ainsi pour vendre mieux
leur prose , vente autorisée par d'autres gens qui
n'auraient point voulu compromettre leur traite-
ment, etc., prévisions sages , nullement blâmables :
tout se traduit en ce monde en une perte ou en un
profit d'écus, il est bon de ne plus le dissimuler.

Cette ignorance des causes et de leurs effets, dont
parlait le grand Laplace , l'homme possède deux
moyens de s'en guérir : l'un empirique, absolu, d'in-
tuition, l'autre scientifique, analytique, d'expérience.
Sans attribuer trop d'importance aux pressenti-
ments, ne connaissons-nous pas des personnes toujours heureuses , d'autres toujours malheureuses
au jeu ? Ne dit-on pas vulgairement de certains
hommes qu'ils ont la bonne chance, que leurs inspi-
rations sont justes, que les événements semblent
arriver à souhait pour le succès de leurs entreprises,
que, sans qu'ils s'aident trop eux-mêmes, le ciel
est toujours de leur côté ? Pour la classe des malheureux , lecteur, jette les yeux autour de toi : en
quelque position que la fortune t'ait placé, si res-

treint que soit le cercle de tes observations, vois si le phénomène que je signale n'apparaît point partout, dans des conditions identiques. Combien d'hommes doués des meilleurs sentiments, animés des intentions les plus louables, munis de capitaux, entourés de relations, qui brisent dix fois leur carrière, sacrifient tout ce qu'ils touchent, répandent autour d'eux la douleur, le désespoir, portent malheur même à quiconque s'attache à leur destinée, malgré leur bonne volonté ; tandis qu'à côté d'eux, dans des conditions sensiblement plus défavorables, des casse-cou sans foi, sans frein, sans loi, sans science, voient toutes les circonstances les seconder, les accidents les servir, la fortune leur sourire ! Ils chasseront vingt fois l'inconstante déesse, elle rentrera dans leur logis presque par force, contre leur gré. La chance, le hasard, c'est-à-dire la loi inconnue, la succession ignorée des causes, les sert, les emporte dans son mouvement la plupart du temps à leur insu.

Il est une conviction secrète née de la causalité dans la conscience humaine, l'existence d'une génératrice fatale d'événements ; il est une secrète ambition de l'esprit humain, la découverte d'une série dans ces grandes lois. La somnambule moderne, la pythie antique, les probabilités de Laplace,

la martingale du croupier, sont des procédés qu'ins-
tinctivement riche ou pauvre, savant ou ignorant,
capucin ou philosophe, esprit faible ou esprit fort,
chacun emploie tour à tour ; et le jeu, le pari, la
spéculation sont l'exercice de cette faculté impé-
rieuse, la satisfaction de ce besoin. Déjà la passion
devient vive dans les paris où l'amour-propre, l'a-
mour de la gloire, l'honneur sont engagés ; que
sera-ce donc si la richesse, qui représente tout,
devient le prix d'une découverte en apparence
facile : une loi à surprendre, une chance à saisir,
une seule !

II.

De toutes les opérations commerciales, la plus
élémentaire, la plus lucrative aussi, c'est le *Troc.* Son
essence consiste en la livraison du superflu, de l'en-
combrant, de l'inutile, contre la réception du nécessaire; principe applicable en tout temps, en tous
lieux, puisque l'INDIVIDU *possède la faculté et la possibilité progressive,* par la DIVISION DU TRAVAIL, *de
produire* AU-DELA DE SES BESOINS, *quelque nombreux
ou variés qu'ils soient.*

Le sauvage échange une fourrure contre un col-
lier de verroterie; un paquet de plumes contre un
fusil : Indien et Trappeur n'ont point fait une affaire,
ils ont fait chacun un heureux. — Ah ! si les mo-
distes de la rue Vivienne allaient en personne acheter
des oiseaux de paradis ou des chincillas, quel doux
commerce !. La chose étant impossible, vu que chapeaux ou mantelets sont tributaires des cinq parties
du globe, le commissionnaire du coin sera envoyé
en course, pour les fournitures de ces dames. —

Celui-ci emporte fusil, verroterie, laissant en gage, chez M. Lefaucheux, un SIGNE métallique qui représentera, pour tout le monde, toujours, soit un fusil soit un oiseau. — Voilà une belle invention créée par la nécessité, qui dispense de recourir à un crédit chanceux.

Or, le commissionnaire a souffert, avant de joindre les sauvages, de l'inconstante humeur des commerçants civilisés ; inconstance provoquée par l'abondance en leurs mains, ou la rareté du SIGNE. Il a vu que ce signe était comme un engagement multiple, entre autant de parties qu'il existe de citoyens, dont une seule partie peut garder entre ses mains l'*unique* original et tenir en échec, à sa discrétion, toutes les autres parties, aucun troc civilisé, ou échange, ou transaction, ne pouvant s'accomplir qu'au moyen du signe. D'autre part, aucune marchandise n'étant légalement l'équivalent de celle qui est choisie pour signe, celle-ci étant légalement, forcément, l'équivalent de toutes les autres ; le porteur du signe n'a qu'à attendre les besoins d'écoulement : il fera capituler, quand il le voudra, toute marchandise qui n'est pas adoptée comme signe officiel, ayant cours forcé à tout jamais.

— Cependant, au lieu d'un oiseau, les naturels lui

ont donné généreusement sa charge de plumes, une charge de porteur d'eau ! Il réalisera en écus cette fortune, l'importance du signe lui étant trop connue pour commercer désormais sur une autre chose que l'*Argent*. Il n'abandonnera plus la place de la Bourse: s'il quitte le trottoir, il monte au palais, temple du dieu nouveau, au marché — *money market*.

Car l'argent, c'est tout, puisqu'il représente et procure tout. On sacrifiera donc à sa possession le sentiment borné, personnel, solitaire, pour ainsi parler, puisqu'après sa conquête, on ne sera plus seul, on s'appellera légion ! *Væ soli !* — Voyez cet homme entouré, flatté, prôné : hier, il était presqu'un opprobre, renié de ses proches, il était pauvre.... la fortune lui a rendu une famille et des rapports sérieux, à la condition d'ailleurs qu'il oubliera ses amis d'autrefois, l'eussent-ils souvent préservé de la faim. — M. de Saint-Marc Girardin, dans l'apologie du *Chêne et le meurtrier*, prétend que l'arbre a horreur du sang versé sur la terre où puisent la vie ses racines : un vilain décrassé sera plus vain qu'un grand seigneur ; l'affranchi doit soigner sa mise afin qu'on ne puisse entrevoir, sur sa peau, les cruelles traces du fouet.

Des artistes, passant leur vie à rêvasser ou roucouler, sans se rendre raison des choses, maltraitent les ingrats, les fourbes, les traîtres envers leurs bienfaiteurs. Dans l'Enfer du Dante, la dernière zône entourant immédiatement Lucifer s'appelle le *Cercle des Judas* : le poète emprisonne dans la glace cette catégorie de damnés qui souffrent ainsi des deux extrêmes températures. Irrités des succès de l'ingratitude en ce monde, sa mortification dans l'autre réjouit le cœur des romanciers qui caressent les idées de compensation ; ont-ils songé à quelles conditions eux-mêmes ont dîné ? Non, l'ingrat n'est point criminel, il subit une loi fatale. S'il fut long-temps misérable, il usa de nombreux appuis pour édifier sa fortune, et s'il se souvenait des services rendus, il retomberait vite dans son premier état; d'autant que chaque ami, mesurant son concours au dévoûment qu'il apporta, s'en exagère l'efficacité et que cent fortunes ne suffiraient pas à les rémunérer tous.

Le comble serait d'acquérir, de conserver gaiement ses richesses, quoique leur possession vaille bien quelques cauchemars, quand il en vient. « Allons-y gaiement ! » — Locution banale, fausse : on ne gagne rien gaiement ! La gaieté, mal portée d'abord, la gaieté onéreuse ensuite, la gaieté, triste lot des niais ou des va-nu-pieds, est représentée versant la corne d'abondance ; chez les auteurs, le plus grand nombre écrit gaiement. On verra plus loin que le capitaliste, s'il ne rencontre point la gaieté dans le sanctuaire de la Bourse, y puise bien des consolations.

Entre les empêchements à la gaieté du riche, l'envie se place au premier rang, l'envie suscite la rivalité, la lutte. Ceci demande un commentaire : La pauvreté n'est pas envieuse, elle le serait... qu'importe ! Le pauvre n'est guères ni homme ni animal, il est nul. — « *Quæris quo jaceas post obitum loco ?* — *Quo non nata jacent.* » Et cet autre : « *Povreté enpesche bons esprits de parvenir !* » Illustre potier, *Povreté enpesche* tous, bons et mauvais. — Eh ! qu'importent les qualités de ton bipède, s'il est pauvre ; qu'il éprouve de l'amour ou de la haine, lauréat de M. de Monthyon ou convict de Botany-Bay, puisqu'encore une fois, il n'est rien. — Vous passez, le chien aboie : gardez-vous rancune au molosse ? Vous entrez, il flatte la compagnie : serez-vous touché de ses grâces ? L'important, j'imagine, est que sa chaîne vous préserve de ses caresses ou de ses morsures : au surplus, qu'on lui jette un os ! — Le pauvre n'est ni bon ni méchant, il est impuissant : un lien invisible, absolu, paralyse les effets de son humeur, soit qu'il blâme, soit qu'il loue ; il pullule c'est tout — *proles* — ainsi les aigrettes des synanthérées transportent leurs graines dans l'atmosphère, au gré du milieu ambiant.

Une religion sublime en ses enseignements, commande aux humains de se considérer les uns les autres comme des frères ; mais ici nous parlons finance, non philosophie. À ce propos, il nous revient en la mémoire une anecdote d'almanach : — « Un débiteur et son créancier assistaient ensemble au prône : l'orateur sacré parlant contre l'usure, le prêteur se retira fort impressionné. C'était jour d'échéance, le *Dies iræ* des emprunteurs en défaut. Peu maniable lors du contrat, le client devient coulant au renouvellement : en cet instant critique, il accorde tout, beaux intérêts et bonnes sûretés. — Il n'est mince valet de caisse qui n'amasse quelques rentes par ces moyens vulgaires nommés à la bourse, *reports,* néanmoins très-inférieurs à la savante formation d'un *découvert* habilement amené. — Donc, notre victime saignée à blanc, rappelait à son bourreau les paroles du sermonaire : — M. le curé a fait son métier, répondit familièrement l'avare, faisons le nôtre, mon ami ! »—Voilà ce que raconte Mathieu Laensberg, philosophe pratique, qui enseigne à prendre le temps comme il vient et les hommes tels qu'ils sont.

Nous avons parlé de l'envie attisant partout les

fureurs ruineuses de la concurrence, la Bourse l'é-
teint dans les opérations du groupement, de la
fusion des capitaux. Ici règne en souveraine la
science froide de l'impassible intérêt, « *Impavidum
ferient ruinæ !* » — Quoi qu'on fasse, l'humanité
éprouve des défaillances, elle a ses faiblesses,
l'individu n'est jamais aussi dur que l'association.
Tel acte de profit, de déprédation si vous voulez,
dont bénéficie une compagnie anonyme, un particulier ne le commettrait pas. Simple associé, actionnaire, commanditaire, il jouit de tous les avantages
de pratiques, d'influences révoltantes, même à ses
yeux, sans en encourir la responsabilité, sans que
sa conscience le fatigue. L'organisation ! machine
qui broie régulièrement, pulvérise ou crée sans mo-
ralité ni responsabilité.

En cas de malheur, on livre les gérants, boucs
émissaires portant les iniquités d'Israël, les gérants,
vrais souffre-douleur ! Règle générale : tout gérant est un homme mort, ruiné, sacrifié d'avance.
L'actionnaire a le beau rôle : c'est le fameux
porteur de bonne foi ; si respectable, si respecté !
Le pauvre homme ! dirait Orgon. Honnête tiers-
porteur, naïf actionnaire qui as acheté ton titre à
quatre-vingts pour cent au-dessous du pair, comme
on te vole !

On voit par là en quoi l'association sera profitable, soit entre travailleurs, soit entre oisifs. — On ne peut associer que des intérêts, on ne peut associer des sentiments; tout contrat est la suppression de la liberté individuelle, et l'amour ou la haine ne peuvent être actifs sans la liberté. L'organisation du travail, les associations de travailleurs sont d'excellentes machines, comme résultat financier, pour ceux qui s'associent, puisqu'ils perdent dans l'association la liberté de se ruiner, qu'ils y gagnent l'irresponsabilité; mais si on croit trouver autre chose que cela, sous le système financier qui règne en ce monde, on se tromperait fort; ce serait une déception ajoutée à tant d'autres, même un résultat tout contraire à celui qu'on prétend obtenir.

Dans les transactions communes, la voie de l'endossement facilite ainsi le solde des billets; encore rencontre-t-on, après les saisies et les commandements, un homme, un père de famille à exécuter. On se blase, mais cela gêne. Parlerons-nous des traités, des sociétés particulières, des obligations, des contrats? Le législateur, tenant à ce que la terre reste aux mains du cultivateur en a rendu l'expropriation pénible, difficile, outre le peu de sûreté qu'offre le régime hypothécaire. En un mot, après le *Troc* chez les sauvages, qui n'est pas une opération mais une réciprocité de débarras, rien n'est acceptable, commode que les spéculations de bourse. Nous trouvons ici l'autre bout de la spirale très-douloureuse en son parcours, quoiqu'elle commence par le plaisir et se termine par le repos. En dehors des deux extrêmes limites, la Bourse ou la Prairie vierge (les deux forêts, si vous y tenez), vous rencontrerez l'expropriation, la mise en faillite, l'emprisonnement, les jalousies, les haines, les soucis; sans compter les procès, les frais à avancer, qui diminuent d'autant les ressources des débiteurs; frais qui s'élèvent bientôt à la hauteur du principal, car chacun vit de son métier, huissier, procureur ou chiourme. Alors les plaintes des débiteurs, les supplications de leurs familles vous assaillant au fond du cabinet comme en pleins champs, ont une apparence de raison ; quoiqu'il soit étonnant que des êtres à qui l'on accorde des mois entiers pour payer, ne se mettent pas en mesure à jour fixe.

A la Bourse, aucun de ces ennuis : les affaires n'y sont point gênées par le sentiment ; on n'y est point connu, on n'y connaît personne ; tous les services y sont payés, de la contremarque prise à la porte pour la canne ou le parapluie, jusqu'au bordereau de la fin de mois. Là, point d'égards, même pour l'âge : foulé, bousculé, on y foule, on y bouscule, sans plainte ni injures ; enrichi sans plaisir pour personne, on s'y ruine réciproquement sans remords.— C'est le char de Wisnhou dans le temple de Jagernat, écrasant au son des discordantes fanfares les corps de victimes volontaires. — « Il n'y a point de fripons ici, répondait très-spirituellement, très-justement tout ensemble, un habitué philosophe à quelque naïf se plaignant d'avoir été volé, c'est-à-dire d'avoir manqué son coup avec perte, il n'y a pas de fripons ici, il n'y a que des dupes ! »— Quiconque entre là sait d'avance à quoi il s'expose et n'a pas lieu de se fâcher, quoi qu'il lui advienne, vu qu'il n'y entre que pour commettre lui-même, envers quelqu'un, le tort contre lequel il se récrie. — Enlevez les morts ! place aux vivants ; vivant de la vie en action : j'entends la vie des gens d'argent, les seuls qui vivent ou qui puissent vivre. Le reste... le reste sème, tisse, commerce, plaide, juge, administre, saigne, purge, combat l'ennemi ; je veux dire use son temps, son corps, son âme, à se disputer quelques bribes, au sein de grands tourments ! Le reste rêve : le reste, quand il n'est pas résolu ou résigné, visant à paraître ce qu'il n'est pas, consomme son malheur !

Que de mal se donne ce boutiquier pour servir sa pratique, réduisant de minute en minute un bé-

néfice douteux, perdant pour ne la point dégoûter !
Ce même homme, si tenace, si ladre dans sa maison, voyez-le au jeu : les billets de banque se trans-
forment en papillotes dans ses doigts faciles. Là
on commerçait, ici l'on spécule ; là, c'était un combat entre le signe et le produit, entre le client
et le marchand, ici, c'est signe contre signe. Voilà
le progrès, le mérite, la supériorité, l'apogée de la
spéculation ! Plus d'encombrement de produits, plus
de discussion de valeurs, point de séduction d'individus à servir, à ruiner ou à plaindre, plus de travail
à estimer, à payer ; en deux mots, vente ou achat
du Signe impersonnel, universel éternel ; l'Argent !
Money market.

Le Signe apparaît ! genre humain, signe-toi ! L'ac-
tivité de l'homme n'a qu'un temps, les générations
s'effacent, les productions de la nature, de l'industrie
et des arts s'évanouissent, la nature entière se mo-
difie, la rose, le cèdre s'en vont comme l'éphémère,
l'éléphant, comme la voix de la cantatrice et le
bruit des fortes eaux ; l'homme a créé une chose qui
représente tout cela, au moyen de laquelle tout cela
lui appartient *selon son espèce.* Et ce signe de toutes
les forces, de tous les produits est éternel, tandis que
les valeurs réelles subissent les caprices des mœurs,

2

des âges, des localités, du climat, des saisons , de
la mode ! Le signe n'obéit nulle part, il peut com-
mander partout, entasser Pélion sur Ossa, trans-
former les mœurs d'un pays, s'il lui plaît d'y cou-
ronner des rosières, ou d'y bâtir des hauts lieux...
«—Ville vénale, que n'ai-je assez d'argent pour t'a-
cheter ! » L'usurpateur Numide ne constatait pas la
corruption de Rome, il consacrait l'omnipotence du
Signe !

Attonitus , novitate mali.... effugere optas
opes !—Foudroyé dans son orgueil, l'homme tour-à-
tour épouvanté ou émerveillé devant son diabolique
ou divin grand-œuvre, le maudit ou l'adore, et ne
sait comment s'en défendre ou s'en servir ! Une li-
gnée de hardis spéculateurs thésaurisants pourrait
accaparer presque tout le signe : sa loi même le con-
vie à l'entassement. Plus les valeurs, les transactions augmenteront, plus le signe indispensable de-
viendra rare, coûtera cher. Alors des besoins éner-
giques réclamant impérieusement du signe, les sociétés grondent, s'agitent dans leurs profondeurs,
les révoltes , les révolutions se succèdent; l'im-
muable serpent est coupé, divisé, morcelé... bientôt
renouant ses tronçons immortels il enserre, il étreint
l'humanité!..

Étrange alternative : richesse, extinction de tout

sentiment; pauvreté, suppression de toute puissance : dégradation morale d'une part, anéantissement de l'autre. Que le riche soit réellement sensible un jour, il est ruiné sur l'heure ; que le pauvre prétende à un moment d'action, il est ridicule à ses propres yeux. Voilà la théorie confirmée par la pratique. Chacun peut les vérifier, et quiconque a tenté l'essai du contraire n'a qu'à les démentir : marteau ou enclume, dévorant ou dévoré, vivant ou mort, Midas ou Diogène ! — Si tous les deux sont innocents, où donc est le coupable ?

III.

Du grand législateur Moïse, qui veut « Que tous
» les sept ans, le créancier relâche ce qu'il aura prêté
» à son prochain, » jusqu'au dernier communiste qui
promène son lit de Procuste de maison en maison,
nul mauvais procédé n'a été épargné contre un principe incontesté, nécessaire, dont les conséquences
étonnantes sont qu'un seul homme puisse un jour
posséder, sans contrôle, le signe de la force de plusieurs milliers d'hommes, même des forces à venir;
qu'il pourrait l'enfouir, sans témoins...

Dans le siècle dernier, on écrivait que l'abondance du numéraire était une cause d'amoindrisse-
ment, on citait l'Espagne; de nos jours, on se plaint
de sa rareté, on cite encore l'Espagne en exemple.
— Heureuse l'Espagne, si elle savait se préserver
du numéraire qu'elle implore! On a créé de nou-
veaux signes, on propose chaque jour des compé-
titeurs à l'argent, soit le billet de banque, soit le
billet assuré, soit la lettre de gage garantis par l'état
ou par les citoyens; mais tous ces projets veulent
conserver ou attribuer au signe nouveau un carac-

8

tère de pérennité, d'universalité, c'est-à-dire deux propriétés dont les valeurs que le Signe représente sont dépourvues.

Un écrivain très connu, logicien serré, critique vigoureux, crut mâter l'argent en lui ôtant le bénéfice de l'intérêt; quelqu'un lui donna la réplique, cette querelle de chauves se battant pour un peigne, n'est peut-être pas encore vidée. Un autre, très-habile homme en sa partie, qui a tourné ou vaincu des difficultés ou des répulsions sans nombre, s'est aussi attaqué à l'argent; comme ses prédécesseurs, il reste à côté des questions, savoir :

Non pas quel sera le Signe : or, argent, cuir ou papier ?

— Ni s'il devra se faire payer un intérêt, une prime ou ses services ?

Mais bien celles-ci :

Le Signe doit-il posséder d'autres propriétés de durée, de spécialisation que les valeurs représentées par lui ?

Sera-t-il éternel, universel quand les produits sont fongibles et d'un usage restreint ?

Pourra-t-il être accaparé, avec ou sans profit pour ses détenteurs, au détriment de forces qui l'attendent afin d'être utilisées ?

Pourra-t-il être thésaurisé ?

L'auteur d'un travail récent vient de prononcer un grand mot : *Monétisation de toutes les valeurs.* — Les temps approchent.....

Cependant, je demande si, par monétisation, on entend que chaque produit puisse servir de monnaie? Ceci est grave. Je prends un dictionnaire, je lis, MONNAIE : *Signe qui représente la valeur de toutes les marchandises.* (Montesquieu.) Mais dans l'esprit de notre auteur, monétisation ne peut s'entendre ainsi. — La monnaie porte trois caractères, *le titre,* c'est-à-dire la qualité marchande, intrinsèque, réelle du signe; *la face* ou les armes du souverain qui le garantit; *le cours forcé.* On négligerait le premier de ces caractères, que le signe ne perdrait pas la condition qui le constitue monnaie, alors il ne serait pas universel, il serait relatif au pays qui l'aurait créé, où son cours est forcé.

Veut-on que l'état garantisse la qualité de tous les produits? — Cela se peut. En Angleterre il y a des inspecteurs de douane qui marquent la qualité des marchandises à l'exportation. C'est à ce *plomb* incorruptible que les marchandises anglaises, à prix supérieur, doivent leur faveur chez l'étranger sur les marchandises françaises de plus en plus altérées par nos fabricants obligés, à ce qu'il paraît, de tromper pour gagner leur vie.

Le gouvernement peut garantir tout, jusqu'au mérite des littérateurs, au talent des comédiennes, par le plomb des académies. La loi sur le colportage en est un exemple; le maximum pratiqué dès l'antiquité, les ordonnances sur la boucherie, la boulangerie, etc., sont des modes de poinçon et de plomb. — Reste le cours forcé. Ne vous récriez pas, rien n'est nouveau sous le soleil ! le cours forcé des marchandises ou de telle marchandise a été appliqué à diverses époques, ailleurs qu'au Paraguay : les Anglais de nos jours, les anglais civilisés, forcent la consommation de leur opium par les fumeurs du Céleste Empire.

Abordons la question, prenons avec nous l'Economiste qui ne s'épouvante pas, qu'aucune difficulté n'étonne, qui ne ménage aucune opinion, aucun auteur, aucun parti, que rien n'arrête jamais, ni amis, ni ennemis. A l'égard d'un pareil joûteur tout est permis; son assurance étant parfaite, légitimée par son beau talent, sa brillante renommée. M. Proudhon a traité de la monnaie, hélas! il n'a pas saisi le rôle de cet agent de la circulation. Il s'est noyé dans des distinctions oiseuses, dans des considérations sans portée, c'est grand dommage. Nous allons citer la page fatale où le célèbre écrivain a pataugé, oserons-nous employer un mot malheureux de son dictionnaire, a *blagué* ? On reconnaîtra ici le langage précis, technique, en un mot la forme de M. Proudhon, l'âme n'y est plus. Voici l'article : (De l'ordre dans l'humanité, page 385, paragraphe 406).

» *Instrument de circulation* : On a disputé long-
» temps sur la nature de la monnaie ; est-elle mar-
» chandise, ou seulement signe représentatif des
» valeurs ? tel a été le problême agité par les écono-
» mistes. Si la monnaie est une marchandise, à quoi
» sert elle ? si elle n'est qu'un signe, pourquoi un
» morceau de bois, de faïence ou de pierre, un chif-
» fon de papier ne la remplacerait-il pas ?

» La lettre de change n'ayant valeur qu'autant
» qu'elle est appuyée sur un gage dont on peut
» exiger la remise ou l'équivalent ; le billet de ban-
» que n'étant estimé à l'égal de l'argent que parceque
» l'on est sûr d'en trouver le montant à la caisse de la
« Banque : la lettre de change et le billet de banque
» ne sont pas des signes, mais des contrats.

» La monnaie, en tant que monnaie, n'est point
» chose qui se consomme : de là cette vérité mille
» fois démontrée que la richesse et le bien être d'une
» nation ne réside pas dans la quantité de numéraire
» qu'elle possède, mais dans la somme des valeurs

» consommées et produites ; ce qui ôte radicalement
« à la monnaie le caractère de marchandise.

» Mais la monnaie n'est pas non plus seulement
» un signe, puisque celui qui la porte possède une
» valeur réelle et ne craint pas la banqueroute.

» Il reste ainsi que nous l'avons annoncé en tête
» de cet article, que la monnaie soit l'instrument
» de la circulation, comme le capital engagé est
» l'instrument de la production. Le capital sans
» matière exploitable et sans main-d'œuvre, de-
» meure stérile ; le produit sans échange tombe en
» non-valeur. Mais une fois représenté par la mon-
« naie, le produit se transforme au gré du travail-
» leur : la société, telle du moins que nous la con-
» naissons, ne peut donc subsister sans monnaie.
» Produit elle-même du travail appliqué aux ma-
» tières les plus rares et les moins transformables,
» la monnaie offre, pour ainsi dire, à la fidélité des
» transactions, la double garantie de l'homme et du
« créateur ! »

Feu monsieur de Lapalisse aurait résolu ainsi *le
problème agité* par les économistes :

1° Tant que le métal n'est pas monnayé, il faut
croire qu'il n'est pas encore de la monnaie ;

2° Puisqu'il est défendu par la loi, aux bijoutiers,
de fabriquer de la marchandise avec de la monnaie,

il faut croire que monnaie et marchandise ne sont pas la même chose.

La monnaie a été une marchandise transformée, par l'effigie du souverain, en signe général des autres produits, en instrument d'échange, de circulation. Aujourd'hui on emploie des métaux, autrefois on employait les bœufs, les moutons : de là son nom *pecus*, dont on a fait *pécugne*, en vieux français, d'où vient le proverbe, le jeu de mots : *Omnis pecunia ex pecude*. On employa les moutons à Rome pendant quatre cents ans, les bœufs à Athènes, le fer à Sparte, le cuir en Russie, les cauris dans l'Inde, les pucelages dans l'Océanie, les clous en Suède ; enfin les habitants du continent africain n'employant rien du tout, sont les plus rationnels, les plus avancés de tous les peuples.

Pour moi qui, imbu des préjugés de la peau malgré les pseudo-scientifiques exercices Flourens, nie le prédicateur nègre de St-Roch, la Malibran noire, soutiens qu'aucun négrophile ne donnera jamais sa fille à marier à un madécasse, quoique ceux-la soient assez décents et les plus propres ; qui prétends que le cruel contrat d'apprentissage, institué à l'égard des malheureux blancs de la Cochin-chine, mourant comme des mouches, qu'il faut renouveler tous les dix ans, est une invention ma-chiavélique des Anglais lesquels ont détruit, à coup de *Cases de l'Oncle Tom*, des colonies rivales, je suis humilié de reconnaître qu'un Congo, sur l'article de la monnaie, en sache plus long que le blanc de nos jours, dont j'apprécie au plus haut point l'intelligence. — Je m'incline devant l'exclamation célèbre : « Périssent les colonies plutôt qu'un principe ! » Il y a fagots et fagots; on admire les beaux visages, on rit des masques.

La monnaie n'est pas un contrat ! Et quel contrat plus authentique ? Non-seulement la monnaie est un contrat, mais la convention d'accepter de payer à vue, en toutes marchandises, contre la remise de ce titre monnaie de cuivre, de fer, d'or, de papier, ou de cuir, cette convention de tous les citoyens est d'avance jugée au profit du porteur nanti de la formule exécutoire contre toute partie qui s'y refuse; le *mandons et ordonnons* est si incontestablement écrit en dernier ressort sur la face et la tranche de la pièce, que le dernier des *agents de la force publique, requis à cet effet*, contraindra le récalcitrant sans s'arrêter à aucune clameur ou cri de haro. Le signe n'est pas un contrat ! La lettre de change qui lie tous les endosseurs est un contrat, et la monnaie qui lie tous les citoyens ne serait pas un contrat ! — Nous avons dit déjà le vice potestatif de ce maître contrat, sensé délivré être en autant *d'originaux* qu'il y a de citoyens, tandis qu'un seul porte l'*unique original*, tenant par conséquent toutes parties contractantes à sa discrétion, se réservant ainsi l'occasion de le faire exécuter à l'heure où les autres parties ne pourront plus attendre, faisant ainsi *composer* tous les producteurs, selon qu'il plaît au porteur de l'unique exemplaire. Pourquoi M. Proudhon n'ayant pas examiné ces effets sous leur vrai jour, a-t-il sauté à pieds joints sur ce vice trop réel, le seul qui autorise et commande la suppression de cet admirable instrument d'échange, la monnaie ; vice qui engendre tous les maux que M. Proudhon voudrait guérir !

S'il s'agit de la *monnaie en tant que monnaie*, on ne doit pas tenir compte de la valeur réelle, c'est-à-dire intrinsèque, de la matière employée à sa confection. Qu'il soit en or ou en papier, le signe certifié, le contrat signé par tous les citoyens garantit le porteur contre la banqueroute, parce qu'il n'est pas probable que tous les marchands seront insolvables, le jour ou le porteur de la monnaie se présentera pour acheter une marchandise que le marchand est *obligé* de lui livrer, à présentation du signe. Une lettre de change endossée par cent négociants offre plus de garantie contre la banqueroute que celle qui n'est endossée que par un seul, moins que celle qui est signée, comme la monnaie, par tous les citoyens d'un pays. Là dessus M. Proudhon débite quelques autres thèses et banalités. Il termine son alinéa par la plus grosse de toutes, faisant l'office de selle à tout cheval, panacée universelle, argument tout trouvé quand la discussion se complique d'obscurités : c'est le *sans dot* de Molière. — « *Cela répond à* » *tout !* »

Qui jamais a nié que l'*instrument de la circulation* fût autre chose que l'instrument de la circulation ? Il s'agit de savoir si l'instrument est bon ou mauvais, si la circulation doit être à la discrétion de l'instrument, comment on peut forcer l'instrument à circuler ? Changé en monnaie, le produit se transforme au gré des travailleurs sans doute ; mais le produit n'est pas libre d'attendre que la monnaie arrive, il dépérit chaque jour au gré de la monnaie qui, elle, peut, doit attendre que le travailleur tirant la langue, donne son produit pour rien. Loin que la société ne puisse subsister sans monnaie, c'est au contraire la monnaie qui tue la société moralement et physiquement. — La monnaie n'est pas produite par le travail, elle est produite par des conventions, des lois : la fonte, le poinçon ne signifient rien dans cette affaire où, certes, le créateur n'a, je suppose, rien à se reprocher. — L'intervention du Bon Dieu est un signe certain de confusion dans l'esprit de celui qui tire ce feu d'artifice. Tant qu'un homme a de bonnes raisons à donner il fait l'honneur aux assistants de croire à leur intelligence ; sitôt que l'argumentation faiblit, il cite des autorités : « Aristote l'a dit ! » Mais quand la brouille des idées passe dans le discours, en avant la Providence ! — Çà fait si bien dans la phrase ! disait naïvement ce pauvre Paillet, qui satisfaisait tous les goûts par sa formule des canards de *La Patrie : Par un hasard providentiel...* Il faut que M. Proudhon se soit senti bien embarrassé pour user de cette ritournelle : « La double garantie de » l'homme et du créateur ! » Çà ne fait pas mal, dans la phrase !

M. Proudhon continue :

(407) « Quel que soit le mode d'organisation de « la société, communiste ou propriétaire, despotique « ou républicain, à moins d'opprimer les volontés, « de forcer les goûts et de violer les secrets de la « vie privée, il est impossible de se passer d'un ins- « trument d'échange portant avec lui sa garantie ; « en un mot de monnaie. » J'en suis d'accord : dès l'instant qu'on admet que l'instrument d'échange, que le *signe* représentant les *choses*, sera fabriqué, mis en circulation, en quantité indépendante du

nombre des *choses*, ce qui pour un signe est assez singulier ; que de plus ce *signe* sera fabriqué par d'autres que par les producteurs des *choses* ; qu'il appartiendra, au moment de sa création *signe*, à tout autre propriétaire que le propriétaire de la *chose*, dès cet instant la forme du gouvernement qui régit de pareilles stupidités importe fort peu : ce ne sont ni des Républiques, ni des Monarchies, ce sont des Béoties. — Comment ! tu fabriques un chapeau, c'est bien ; ne pouvant aller sur le marché, tu inventes un signe plus portatif que ton chapeau, un *bon* pour un chapeau, c'est encore bien ; mais ce *bon pour ton chapeau*, ce n'est pas toi qui l'as signé, ce n'est pas toi qui l'as créé ? Il y a en dehors de toi, fabricant de chapeaux, un fabricant de *bons de chapeaux*, qui sans t'avertir peut tirer à vue sur toi, sans ton concours ; qui porte dans sa poche le signe de ta marchandise ; qui est le maître de jeter sur le marché des quantités de signe d'une marchandise, rare néanmoins, d'en avilir le prix en faisant supposer qu'il y en a beaucoup à vendre, ou de retirer du marché tout le signe, tandis que les chapeaux encombrent tes magasins. Sous une pareille économie, tu t'inquiètes de la République ou de l'Empire, comme si Président ou Empereur pouvaient guérir ton embarras ? Le président qui protège ta fabrication, ta personne, ta liberté, l'empereur qui ouvre les débouchés, qui fait régner l'ordre, la justice, la paix, qui veille jour et nuit à la sûreté publique, a besoin autant que toi du signe de tes produits, pour les échanger avec toi contre les siens, prévoyance, services publics, dont tu profites sous mille formes. Que peut-il contre l'or ? Rien.

« Savez-vous, M. Lafitte, disait Louis XVIII au
» banquier patriote, que si MM. de Rothschild
» continuent, ils seront plus maîtres que moi dans
» mon royaume, car je ne serai jamais aussi riche
» qu'eux ! » L'or ne paie ni taxe ni impôt, l'or peut gêner le prélèvement des taxes et des impôts. Les gouvernements ne peuvent se défendre contre lui ni régler l'influence insaisissable des sourdes résistances du numéraire.

Citoyen ou sujet tu portes une valeur, un autre que toi en a la représentation sans ton assentiment, sans qu'il t'ait rien donné. Tu reconnais que *les produits s'échangent contre les produits,* tu échanges des produits contre des *signes* de produits qui n'existent peut-être pas : tu appelles cela une garantie. Le porteur de la chose n'a rien, s'il n'est porteur aussi du moyen qui rend efficace le droit de disposer de la chose.

Tu réponds : — Mais une fois possesseur de

monnaie, à mon tour, mon produit se *transformera* *entre mes mains et à mon gré.* — Eh ! que me fait à moi, que d'esclave tu sois devenu tyran, que les termes soient renversés, si le rapport entr'eux reste le même ? Je ne veux pas savoir ce qu'il en a coûté de dépréciation à ta marchandise, en faux frais de magasins dorés, ornés, en séductions exercées par les beaux yeux de ta femme, en publicité excentrique ou autres appels à la curiosité du public. — On raconte qu'un chapelier de Londres avait établi, face à face, deux fabriques rivales, dont les ouvriers excités les uns contre les autres se battaient presque tous les jours : on se cassait réciproquement les reins et la devanture de carreaux, la même bourse payait tous les frais, les procès, les amendes. Le public fut attiré sur les lieux, la vogue arriva, avec elle, la monnaie qui ne payait pas de la marchandise, mais des frais superflus de publicité, une curiosité plus ou moins légitimement provoquée.

L'invention de la monnaie, surtout de la monnaie faite d'un métal précieux, est une magnifique invention, j'en conviens ; mais le porteur de la monnaie *instrument de circulation,* n'est pas obligé de la faire circuler, tandis que le fabricant est obligé lui, de faire circuler son produit qui dépérit tous les jours. Loin qu'il soit obligé de faire circuler la monnaie, son détenteur est intéressé à la cacher, à la rendre rare, afin qu'il puisse se procurer plus de choses avec moins de monnaie. Est-ce assez dit ?

L'économiste qui a tant crié contre l'innocent Malthus prêche ainsi le malthusianisme de la pire espèce ! Malthus recommandait aux femmes de ne pas faire trop d'enfants, parcequ'il craignait qu'on ne put assez fabriquer de pain pour les nourrir; il avait peur de la famine. M. Proudhon protège précisément l'instrument qui crée la famine au sein de l'abondance.

Ricardo sentait le vice de l'or instrument de circulation, quand il disait : « La monnaie est dans sa » condition véritable lorsqu'elle est à l'état de pa— » pier. » M. Proudhon n'a pas compris Ricardo qu'il cite, auquel il répond : — « Oui, mais c'est » en tant que ce papier présuppose la monnaie mé— » tallique *dont il est la promesse* et par laquelle il » s'exprime. Or à quoi sert de dire qu'on peut se » passer d'une chose qui reste toujours et nécessai— » rement *sous-entendue.* »

On devine en quoi consiste l'erreur de M. Proudhon : *la monnaie métallique* n'est ni promise par le papier-monnaie ni *sous-entendue,* c'est *un produit* quelconque, c'est *une marchandise* qui est *sous entendue*, que la monnaie soit de papier, de cuivre, ou d'argent, qui est *promise.*

La monnaie, pour être vraiment dans son rôle de *signe*, ne devrait, en somme, *rien valoir* intrinsèquement : l'image d'une personne dans un miroir, l'ombre d'un objet, le billet de banque sont de véritables *signes*, nuls par eux-mêmes, *représentant* néanmoins des objets réels. — L'or, l'argent jouissent d'un privilège qui exagère leur valeur comme marchandise et fausse leur rôle comme signe.

L'or et l'argent vaudront toujours assez d'autres choses, que vous puissiez leur ôter, sans crainte de les déprécier, le poinçon officiel, la face du souverain, le monopole du cours forcé. Les diamans sont plus estimés que l'or et ne sont point monnaie. Démonétisez tout, je vous le conseille, si vous voulez vivre commodément en travaillant, associés ou non associés, organisés ou désorganisés, chrétiens ou turcs, républicains ou monarchistes. Effacez les effigies, ne vous inquiétez pas du reste !

M. Proudhon termine ainsi son Apologétique de la pièce de cent sous :

« Pour accorder les principes de l'égalité avec
» ceux d'une libre consommation des salaires ; pour
» que la répartition des produits s'effectue d'une
» manière commode et expéditive, équitable et sûre,

» autrement que par des assignats toujours suspects,
» d'interminables comptes-courants, des effets de
» banque trop faciles à multiplier pour qu'on n'en
» redoute pas la dépréciation, et qui d'ailleurs né-
» cessite la franchise de capitaux énormes ; des billets
» au porteur incommodes pour les menues dépenses,
» si le chiffre en est élevé, qui s'en vont en fumée
» si le chiffre en est faible, sujets aux mille inconvé-
» nients de la contrefaçon, d'une prompte altéra-
» tion et d'une perpétuelle incertitude. Pour assurer,
» dis-je, la bonne foi du commerce et faire l'appoint
» de tous les échanges, je ne connais, je ne com-
» prends de moyen que la monnaie. Sans la monnaie,
» sans cet étalon de la valeur, l'appréciation des
» produits voltige à tous vents, le papier de banque
» ne signifie rien, la lettre de change est impossible,
» les comptes ne sont jamais apurés, le travailleur
» ne se croit jamais payé, le marchand jamais soldé,
» le consommateur jamais satisfait : sans la monnaie,
» la société n'est pour l'homme que charrue et râ-
» telier, l'égalité devient un joug et la liberté un
» leurre. » C'est bien dit, car pour le style M. Proudhon n'a jamais tort. Mais entre la charrue et le
ratelier, on trouve quelqu'un que la monnaie ne
remplace pas, qui s'appelle l'amour, l'*hyménée* des
feuilletons quaternaires de George Sand : l'amour,

que la monnaie chassa de la terre, qu'il n'y ramène plus que rouge de honte ou de remords...

Entre la charrue et le ratelier, M. Proudhon, il y a une mère de famille, il y a nos frères, nos sœurs, nos enfants; il y a le dévouement, l'honneur, la pudeur, l'amitié, la justice, le sentiment, les services réciproques, l'estime de soi, de ses pareils. La monnaie a remplacé la famille par les collatéraux, le dévouement par le calcul, l'honneur par les honoraires, l'estime par l'estimation, l'abandon par la défiance, les services par la contrainte. Entre la charrue et le ratelier, il y a la paix, la franchise, la verité, le roman aussi ! l'imagination, la naïveté, la sympathie; il y a la liberté et l'égalité dont vous proférez les noms chers et sacrés; il y a un Éden de bonheur, un paradis terrestre que chaque homme porte dans son cœur, qu'il arrose de ses larmes silencieuses dans la douleur et la désespérance.... car cette place, la monnaie l'a prise, elle en a fait un désert de sel et de rochers. — La monnaie est le despote qui a tué la liberté du travailleur; la monnaie est le tyran qui a créé deux situations excessives, l'opulence et la misère. La monnaie a fondé l'arbitraire, la guerre, l'injustice, la haine, l'envie, la sècheresse de l'âme; elle a tout soumis à l'intérêt, à l'égoïsme, à la bassesse, à la privation, à la vénalité à la grossièreté. — Voilà votre monnaie, M. Proudhon, serrez-la bien !

L'or a établi au-dessus d'un abîme, un jeu de bascule effrayant. Les gouvernements s'asseyent, se maintiennent bien ou mal au point d'appui du levier gigantesque. Pour rétablir un impossible équilibre, ils conseillent, ils menacent, ils pèsent tantôt sur un fléau, tantôt sur l'autre : arrive un contrecoup, tout est précipité ! Convoquez des synodes, des conciles, des congrès, des assemblées : vains discours, vains projets, résolutions plus vaines encore ; le producteur secoue la tête en signe de doute, l'or regarde en souriant passer ces vanités d'un jour ; il vous laissera respirer un moment, mais pas assez pour qu'on l'oublie. Courbons-nous, saluons le maître, le roi des rois, le vainqueur des vainqueurs ! La voix humaine si sympathique, la voix du canon si émouvante, ces deux paroles qui semblent s'exclure et qui électrisent par leurs accords, ce chant à deux, la vie et la mort enivrant l'âme, s'arrête aussitôt que le tintement glacial de la monnaie commence. Ainsi le lion et le rossignol, ces concertants de la nuit, se taisent.... ils ont entendu la sonnette du sinistre crotale qui fait vibrer ses écailles empoisonnées.

Que nous parle-t-on de nos vices, de nos vertus,

de nos croyances, de nos défaillances, de notre
science, de nos préjugés; que signifient ces con-
sidérants : « Opprimer les volontés; forcer les
» goûts; violer le secret de la vie privée ? »
M. Proudhon, qui ne se gêne pas pour injurier
les capitalistes, à dire d'experts, craint-il d'opprimer ces Messieurs en leur ôtant, comme dit
très-judicieusement Mazel, *le droit de ne pas
dîner?* M. Proudhon, l'ami des travailleurs, ne voit-il
pas que le seul ennemi du travail c'est le droit, le
pouvoir de *ne pas* consommer (car le droit sans puissance, on s'en moque), que ce pouvoir d'avilir les
produits, c'est la monnaie qui le donne ? — Si ce n'é-
tait clair comme le jour, personne ne voudrait croire
à la découverte étonnante que M. Proudhon ait été
malthusien, dans le sens qu'il donne lui-même
à l'épithète. Cela paraît aussi scandaleux que l'as-
sertion de Jugurtha sur la vénalité de Rome, c'est
pourtant vrai. Il a osé plaider la cause de la monnaie,
M. Proudhon, quel gros péché ! — Si vous laissez la
monnaie debout, vos essais d'organisation ne vaudront guères mieux que vos théories pour le bien-
être de l'espèce humaine.

Tout homme doit porter avec soi la représentation
de sa valeur;

Nul ne doit avoir besoin du crédit d'autrui, surtout du *crédit gratuit* que M. Proudhon n'eut pas inventé s'il eut destitué la monnaie;

Nul ne doit être estimé plus qu'il ne vaut, ni moins qu'il ne vaut. Appliquez ces propositions avec la présence du numéraire, je vous en défie !

— Voyez-vous la prétention des destructeurs de la monnaie : « Ils veulent nous donner des assignats ! » des effets de banque faciles à contrefaire, des » billets au porteur *incommodes*, sujets à une *prompte* » *altération* et à une *perpétuelle incertitude !* Quelle » horreur ! » Nous serions donc soumis, nous porteurs de monnaie, de beaux et bons écus, aux mêmes chances de dépréciation de nos valeurs, que les fabricants , les laboureurs le sont pour leurs confections , leurs produits; que les gens de lettres, les magistrats , les soldats, les artistes, le sont pour leur intelligence, leur santé, leur capacité, l'estimation de leurs travaux, de leurs services ? Nos écus seraient sujets à la moisissure ! Toute une fortune si péniblement amassée par une génération de grigous , ne vaudrait pas mieux qu'un fonds de magasin, qu'un solde de rossignols piqués, rongés des vers ? quelle infamie ! On veut nous forcer à consommer, on veut forcer nos *goûts,* nos *volontés, violer le secret de la vie privée.* Ils sont capables de nous forcer, par ces moyens-là, à produire, Messieurs les échangistes !

Qu'on nous injurie, qu'on nous insulte, passe : il faut bien laisser crier les pauvres diables que nous écorchons ; qu'on invente des systèmes politiques, bucoliques ou autres , peu importe ; laissons-les conspirer, se battre, s'emprisonner, se dénigrer, se jalouser, se disputer des grades , des oripeaux, des préséances, des influences, des croyances, des gouvernements, cela ne peut pas faire de mal... Mais ils veulent toucher à la monnaie : *à l'étalon de la valeur, à l'instrument portant avec soi sa garantie , que disons-nous , la double garantie de l'homme et du Créateur !* Ils osent toucher à l'arche sainte, les sacrilèges, vite, vite, pas de raisons, pas de défense, des fagots !

Si **M.** Proudhon est malthusien , si **M.** Proudhon tourne au roccoco, à l'éteignoir, dans la question la plus sérieuse, la primordiale question, la question qui les contient toutes, je vous laisse à penser ce que valent les radotages , les rabachages des autres économistes , socialistes, progressistes, popes, coryphées ou sectaires ? Ils ne sont même pas à la hauteur du précepte de Moïse : les plus huppés s'en défendent : — « La banqueroute ! Ah ! Monsieur, » pour qui nous prenez-vous ? » — En effet, on vous fit trop d'honneur !

Mais la monnaie mesure le *prix* des choses ; car la

monnaie n'est pas un signe seulement, elle est le nombre, *numerus*, la mesure, la loi, *nomos*, *nummus*; elle remonte, dirait M. Proudhon, à la volonté de Jupiter, *Numen*.

Du temps qu'on échangeait les produits contre des pièces d'argent ou d'or, les économistes étaient fort embarrassés pour faire payer suffisamment son *salaire* au travailleur. Le porteur d'écus répondait à toute offre : « Je n'ai besoin de rien !—Mais j'ai travaillé pour vous, j'ai veillé, j'ai employé mon temps, mes ressources.—D'abord je ne t'ai rien commandé, ensuite je n'ai que faire de ton produit. — Alors que deviendrai-je? — C'est ton affaire ; moi, je vais prendre l'air. »

J'oubliais que ce temps-là subsiste, les économistes éprouvent toujours le même embarras pour persuader aux gens qui ont le droit de conserver leurs fonds et les gardent, qu'ils feraient mieux de s'en défaire contre tout ce qu'on leur présente. Leurs exercices sont fort amusants: les uns pleurants, invoquent la Charité des passants ; les autres riants, vantent les Attraits de la fatigue d'un métier ou des soucis d'une profession , ils engagent les captalistes à se dépouiller de leurs fonds pour se procurer le bonheur de livrer leurs écus contre une charge, une occupation qui les ferait suer sang et eau. — Dans l'ancien temps, on tranchait dans le vif : le roi Jean faisait extirper les molaires des fils d'Israël, il leur fesait crever un œil, en sorte qu'ils étaient presque tous borgnes; en France, ils étaient main-mortables, on les persécutait pour les faire changer de religion, mais s'ils s'exécutaient on leur confisquait les biens, etc. — Eh, Bon Dieu ! supprimez la monnaie qui fit le malheur du monde, et qui met, aujourd'hui , les esprits avec les estomacs et la conscience à la torture !

Qu'a-t-on besoin de se tourmenter pour préciser en quoi consiste la valeur des produits ? Est-ce le rapport de l'offre à la demande ; est-ce le temps employé à la confection d'un objet qui en mesure le prix ? Sera-ce l'intelligence dépensée qui en fixera le rang ; est-ce la rareté, le brillant, la couleur, le goût, le poids, la durée ? Tout cela réuni forme une résultante que l'on nomme prix.

Les auteurs qui n'acceptent qu'un des termes subissent des préoccupations particulières : l'idée de prendre la durée du travail pour étalon de la valeur, témoigne d'un cœur sensible et droit qui veut relever le travailleur de sa bassesse ou ramener l'égalité des hommes devant l'aptitude et le temps. Cette opinion part d'un bon naturel. — Otez la monnaie, vous n'aurez pas à vous préoccuper du salaire, otez-la donc!

— On estime les choses à proportion du degré de suffisance qui est requis pour les bien faire, dit un auteur. — On estime les choses en raison du besoin qu'on en a, dit un autre. — *On*, qui, *On?*

Revenons aux pigmentés auxquels je refuse l'unité d'origine, ne pouvant leur retirer l'unité d'espèce puisque les mulets sont reproducteurs :

« Les noirs de la côte d'Afrique ont un signe des
» valeurs sans monnaie; c'est un signe purement
» idéal, fondé sur le degré d'estime qu'ils mettent
» dans leur esprit à chaque marchandise, à propor-
» tion du besoin qu'ils en ont. Une certaine den-
» rée ou marchandise vaut trois macutes, une autre
» six macutes, une autre dix macutes : c'est comme
» s'ils disaient simplement trois, six, dix, etc. Le
» prix se forme par la comparaison qu'ils font de
» toutes les choses entr'elles; pour lors, il n'y a
» plus de monnaie particulière, mais chaque por-
» tion de marchandise est monnaie de l'autre.

. . . , ...

» Si l'on suppose que la quantité d'argent d'un
» État double, il faudra pour une macute le double
» de l'argent; mais si en doublant l'argent, vous

» doublez aussi les macutes , la proportion restera
» telle qu'elle était avant l'un et l'autre double-
» ment, etc. » *(Mont.)*

Le prix est une *résultante*, nous l'avons dit, plusieurs éléments concourent à le fixer; on ne peut
donc prendre pour l'établissement du prix un seul
de ses éléments constitutifs, fut-il le plus général,
le plus important. En un mot, le prix est un rapport,
non un principe.

Les objets valent entr'eux le temps qu'ils ont
coûté, c'est très-évident, mais il ne faut pas régler
de ce point de départ les prix comme convenance,
si l'on ne remplace la monnaie, telle que nous la
connaissons, par un signe qui suive la dépréciation
du produit.

IV.

Il est temps de céder la place à l'ÉCHANGISTE qui ouvre a deux battants la porte de la citadelle, pendant que les assiégeants tournent autour et s'excitent à une escalade impossible.

— Ceci est la parole de MAZEL, *qui a engendré le Bon d'échange, la Bourse d'échange, et tous les Banquiers échangistes qui ont suivi ses enseignements avec plus ou moins de succès pratique :*

» ÉCLIPSE MONÉTAIRE.

» De l'argent, de l'argent, de l'argent ! Cri de guerre.

» Point d'argent, point d'argent,—Bon d'échange ! Voix de paix.»

« La théorie des Banques d'échange depuis la
» première que fonda Mazel, en 1828, jusqu'à
» celle qui fonctionne avec tant d'éclat sous la raison
» *Bonnard et Compagnie*, se résume dans cet
» axiome encore inaperçu, quoiqu'éclatant de vé-

» rité, à savoir : qu'une pièce de cinq francs donne
» au privilégié qui en est porteur l'abominable droit
» de ne pas dîner ou de ne dîner qu'à moitié, et de
» priver de dîner la multitude qui attend pour dîner
» que cette pièce de cinq francs lui passe par les
» mains, et lui donne, à son tour, l'abominable
» droit de priver de leur dîner ceux qui en dessous,
» attendent la pièce. N'est-ce pas là l'organisation
» d'une véritable torture ?

» En est-il de même d'un Bon d'échange *donnant*
» *droit à un diner de cinq francs à consommer à un*
» *jour donné, et qui est perdu si on ne le consomme*
» *pas ?*

» Très-certainement l'esprit le plus grossier ne
» se refusera pas à saisir la différence. »

FORMULE DU BON D'ÉCHANGE :

BON pour servir de monnaie,
etc.

Le présent Bon sera nul à partir de tel jour
ou telle heure.

Le billet de spectacle est un bon d'échange : il

est nul le lendemain de sa date. Personne ne trouve à redire à cette prescription ; on conçoit, au contraire, que si le directeur du théâtre s'est mis en frais, il ne doit pas perdre parceque le porteur du coupon sera mal disposé ce jour là.

Le bon d'échange est créé par l'auteur du produit ou le possesseur de la marchandise ;

Le bon d'échange représente l'objet déterminé, existant ;

Le bon d'échange est un signe certain ;

Le bon d'échange subit le sort de l'objet qu'il représente, il vit et meurt avec lui ;

Le bon d'échange est la véritable monnaie, la seule monnaie, le seul instrument acceptable de la circulation des produits.

Quels développements exige pour la bien saisir, l'application du bon d'échange aux affaires commerciales ? — Aucuns.

Une banque qui reçoit les bons d'échange et les distribue ; qui perçoit une commission minime ; qui note l'exactitude, la sincérité des signataires ; qui correspond avec les banques similaires et dispense l'abondance des produits à tous les consommateurs ; quoi de plus simple, quoi de plus large, quoi de plus équitable ?

La marée est abondante, belle au matin, le soir

elle a perdu sa fraîcheur. Un bon d'échange en eut forcé la consommation, la monnaie métallique a voulu attendre la marée du lendemain, elle a laissé gâter celle de la veille... elle a thésaurisé !

L'Echange n'est point une théorie creuse : on le pratique, on le pratique en plein Paris, avec d'immenses profits. Il s'agit d'en généraliser l'usage et d'obtenir du gouvernement la suppression des entraves purement fiscales qui s'opposent à la création du *Bon d'échange foncier*.

MONNAIE FONCIÈRE.

Voici ce que la *Banque foncière* entend par *monnaie foncière* et comment elle en crée l'émission :

» Toute vente, achat ou échange d'immeubles sont difficiles à s'effectuer pour trois motifs ;

» Le premier de ces motifs, c'est l'exorbitance du droit de mutation, notaires, courtages, voyages, experts, qui portent au-delà de 10 °/o les frais et faux frais d'un achat d'immeuble ;

» Le deuxième, c'est l'ennui d'attendre les quatre mois de la purge légale pour savoir si l'on sera ou si l'on ne sera pas propriétaire, perte de temps qui, en affaires, est souvent le pire des inconvénients ;

» Le troisième motif, c'est la crainte d'être trompé ou de se tromper sur le prix, en l'absence de tout moyen de certitude en matière d'ÉVALUATION FONCIÈRE.

» Ces trois inconvénients disparaissent devant le fait que voici :

» Une compagnie par actions dite la *Monnaie foncière* s'est fondée.

» A l'instar des communes elle s'est *constituée mineure*, sur le fait de ne pouvoir ni acquérir, ni aliéner, ni contracter, n'ayant d'autre faculté que celle de procurer à chacun l'achat, la vente ou l'échange de toutes sortes de propriétés.

» En cet état de sa constitution, toute personne qui veut vendre avec facilité un immeuble, lui en fait *l'apport social* au prix fixé par un grand jury d'évaluation, en tout conforme au jury d'expropriation pour cause d'utilité publique ; elle fait cet apport avec faculté d'en faire le retrait lorsque cela lui plaira. Cet apport ne coûte qu'un droit de 5 fr. à quelque somme que l'immeuble soit estimé ; plus, un droit de transcription de 1 fr. 50 pour 100 fr.

» La purge légale une fois faite par la Compagnie sur la tête de celui qui a fait l'apport, il n'y a plus nécessité de purger sur elle, puisqu'elle est mineure, et alors, toute personne qui lui a fait son apport, pouvant retirer cet apport, peut céder ce droit de retrait à tout autre qui peut le céder, à son tour, à un autre, et ainsi de suite. Alors, il en est du droit au retrait d'apport comme il en est d'un billet de banque qui n'exprime que le droit de RETIRER de la Banque les écus qu'on y a portés, c'est-à-dire le droit au RETRAIT D'APPORT , — C'est ainsi que ce droit au RETRAIT D'APPORT, en matière foncière comme en matière métallique , passe de main en main par ce seul motif, qu'ayant une possession certaine, moins coûteuse de près de 10 % et plus facile à transporter que celle dont on reçoit l'investiture par un notaire, on préfère ce genre de possession, comme on préfère celle d'un papier à la réalité métallique. C'est ainsi que la MONNAIE FONCIÈRE, entrant dans la circulation, dote la France de 70 milliards d'une monnaie toujours visible et non monopolisable, monnaie en tout conforme à la monnaie papier métallique, sauf cette différence à son avantage qu'elle n'a pas eu, comme l'autre besoin, d'avoir recours à un privilége pour se constituer.

» Il y a là (écrivait un économiste au sujet de cet exposé) plus que de l'idéologie économique ; il y a de la pratique, des difficultés vaincues, des obstacles tournés ; il y a le mouvement qu'il faut à toute œuvre qui s'impose et qui prouve qu'elle a vie.

» C'est ainsi que l'ont pensé un grand nombre d'hommes sérieux qui composent le patronage de cette fondation.

, » *La grande différence* qui distingue cette fondation de toutes celles qui l'ont précédée, telles que la banque de Law, plus tard l'émission des ASSIGNATS, toutes les caisses et banques hypothécaires ou territoriales, jusqu'au *Crédit foncier* et la *lettre de gage*, cette différence consiste en ce que la *Compagnie la Monnaie foncière* ASSIGNE une étendue immédiatement tangible à son *assignat ;* qu'elle n'a pas besoin, comme la Banque, d'émettre plus de signes qu'elle n'a de réalité ; que les bons sont *spéciaux* et, comme tels, préférés à des *bons généraux*, la possession faisant leur *solidité* prise dans le sol : *Possideo quia possideo.* »

Voici la formule des actes par lesquels la Monnaie Foncière est mise en circulation :

(Le nom de *franc*, conservé à l'unité de mesure, est tout-à-fait idéal ; on dirait mieux, l'*heure*, comme l'ont proposé plusieurs économistes , entr'autres M. Darimon, encore mieux, *la macute*, à quoi on

ne peut rattacher rien d'arrêté, qui serait ainsi le
Signe d'un rapport variable.)

« Les soussignés,

» M. Mazel , gérant de la Monnaie Foncière,
» et M. N***,

» Ont fait et arrêté ce qui suit :

» M. N*** apporte à la Société de la Monnaie
» Foncière, ce accepté par M. Mazel , et pour être
» payé en monnaie de ladite société :

» Un immeuble à lui appartenant, sis à.........
» commune de........ lieu dit le........ d'une
» contenance de...... divisé en...... lots figurés
» tous au plan qui demeure ci-annexé.

» Ainsi qu'il a été acquis de M......, suivant
» contrat passé devant Me......, notaire à A.....,
» le......, auquel il en est référé.

» La Société de la Monnaie Foncière entre au-
» jourd'hui en pleine propriété et jouissance dudit
» immeuble.

» Le présent apport est fait à la charge par la
» société,

» 1° De prendre l'immeuble dans l'état où il est,
» avec les servitudes actives et passives qui peuvent
» le grèver;

» 2º De payer les contributions à partir de ce
» jour.

» Et en outre, le présent apport est fait moyen-
» nant une somme de.......... en....... bons de
» monnaie foncière numérotés de.... à... toujours
» échangeables contre le lot de terrain auxquels cha-
» cun correspond; lesquels *bons au porteur*, sur
» timbre proportionnel, ont été pris et acceptés par
» M. N*** à titre de monnaie foncière et comme es-
« pèces d'or ou d'argent;

» Dont quittance.

» La société fera transcrire et purger le présent
» contrat, et M. N*** s'oblige à rapporter la main-
» levée des inscriptions existantes s'il en existait.

» Pour l'exécution des présentes, tous pouvoirs,
» etc. »

Après l'acte de mise en société, vient le modèle
des Bons au porteur de Monnaie foncière.

» COMPAGNIE DE LA MONNAIE FONCIÈRE :

» Établie à Paris, rue de Provence, nº 34; —
» M. Mazel, gérant.

» Bon au porteur de X...... francs de Monnaie

» foncière, échangeable toujours contre le lot n°...
» de l'immeuble apporté à la Compagnie par acte
» du..... dont le plan est annexé ci-contre.

» Le porteur doit les contributions de chaque
» année.

» Les frais d'enregistrement du présent sont à sa
» charge. En cas d'échange, la plus value sera dé-
« terminée par le jury d'appropriation nommé par
» la Société.

» Paris, le....... 1856.

» Le Gérant,

» MAZEL.

» L'acte d'apport transcrit et purgé a été déposé
» chez M....., notaire à Paris, le...., et il résulte
» des pièces que le lot n°... n'est grevé.... et vaut...

» Pour mention, le.... 1856.

» Le Gérant, MAZEL. »

» PLAN de l'immeuble situé à..... Commune
» de..... lieu dit......

M. N***

Mazel entend comme suit, la composition du Jury d'évaluation régulateur de la Monnaie Foncière :

JURY D'APPROPRIATION.

« Avant l'invention de Daguerre, l'homme qui faisait faire son portrait n'avait aucune garantie de la vérité de sa ressemblance devant la possibilité de l'ignorance du peintre ou de l'intérêt que celui-ci pourrait avoir à le flatter ; encore moins pouvait-il accueillir comme exacte la copie d'un objet quelconque dont l'original n'aurait pas été mis sous ses yeux.

» Nous avons dit, à ce propos : qu'avant l'usage des registres de l'état civil, l'homme en était réduit à n'avoir aucune certitude sur son âge ni sa filiation.

» Ces deux observations, bien faites pour rendre suspect à l'homme tout langage qui affirme son perfectionnement social, étaient le préambule obligé de la constatation de ce grand fait : « Qu'en ce qui » concerne la chose la plus capitale de ses intérêts, » *la valeur de sa propriété foncière*, l'homme est » resté au même état d'ignorance où il était, quant » à *sa conformation physique*, avant la découverte » du miroir, et plus tard du daguerréotype ; et, » quant à *son âge*, avant l'usage des registres de » l'état civil. »

» De là, toutes les difficultés, et disons plus, *la presque impossibilité* d'acheter ou vendre, en présence du manque de certitude sur la valeur des propriétés, comme il en serait de la vente ou échange des objets d'absolue nécessité, si l'homme en était réduit à des conjectures sur la véracité des poids et mesures, comme sur celle de l'argent monnayé.

» Inutile de parler ici, en ce qui concerne la valeur des propriétés, des guides qui éclairent les vendeurs et les acheteurs en cette matière ; à savoir · *le prix d'origine, le cadastre* et *la matrice du rôle des contributions.*

 » Voici donc venir, pour satisfaire au besoin d'une découverte, en fait de vérité d'évaluation, la pensée d'une juridiction que nous appellerons *daguerréotypienne*, soit le *Jury d'appropriation*, nom à lui donner par opposition à celui de *Jury d'expropriation*, dont le fonctionnement nous défend contre l'esprit de suspicion qui fait avorter tant de découvertes.

 » Ce Jury d'évaluation, exempt de passion comme d'ignorance, par la nature même de son mandat, par le nombre de ceux qui le composent et l'étendue de son évaluation, ce jury doit immédiatement partir des conditions imparfaites du présent, pour arriver à celle de l'avenir, qui se présentent à lui face à face !

 » Pour le présent et pour ceux qui veulent plus facilement acheter ou vendre : dès demain, ce jury fera, autant que possible, un peu mieux qu'il ne se fait actuellement, mais pour l'avenir, et guidé qu'il est par le réseau présent et futur des chemins de fer ; il prendra la carte du globe, et là, selon la nature des produits, selon les mœurs ou les lois des populations et la variété des besoins qui les rendent tributaires les uns des autres, il établira les grands rapports d'évaluation, puis les rapports secondaires de peuple à peuple, de capitale à capitale, de celles-ci aux métropoles de deuxième ordre, chef-lieux de départements, arrondissements, communes, cantons et enfin : les rapports de valeur DES PARTICULIERS entr'eux, jusqu'à la plus petite DES PARTICULES, car c'est de là qu'étant parti pour s'élever à l'*intérêt général*, il pourra descendre vers l'intérêt le plus infime, guidé qu'il pourra être par cet espèce de fil électrique ou d'Ariane dont il ne sera pas séparé ! et dresser LA CARTE GÉOGRAPHIQUE DE L'AVENIR !

» Voilà le plan.

» Dans le présent : étant d'évidence qu'un procès-verbal d'évaluation, fait d'avance et par un évaluateur désintéressé ; que ce procès-verbal, étant dans les mains d'un vendeur, a plus de valeur pour lui et lui coûte moins que s'il l'avait commandé lui-même, ce procès-verbal sera préféré a tous ceux que chacun peut avoir intérêt à faire faire.

» A nous donc, Messieurs, les évaluateurs et les propriétaires qu'éclaire la lumière de leurs véritables intérêts, à nous ceux qui ont intérêt à bien vendre, c'est-à-dire : à ne vendre ni trop cher ni trop bon marché ; ils seront préservés chez nous, les uns de l'obsession de leurs besoins ou de leurs cré=

anciers, les autres les hallucinations que leur don-
nerait leur avarice.

» Étant donnée la valeur de la plus mauvaise
partie d'un champ dont la végétation est moindre
que celle de la meilleure partie, quelle est la valeur
de la meilleure ? Quelle est aussi la valeur de celles
qui tiennent le milieu entre les deux autres ? Le
moins sagace des cultivateurs répondra ; il dira
la valeur des propriétés qui le touchent à ses quatre
points cardinaux, même un peu plus loin, mais voilà
tout.

» Voilà pour l'infiniment petit en fait d'évaluation.

» Voici l'infiniment grand en ce qui concerne la
France entière liée au reste des continents.

» Étant donnée la valeur du sol sur lequel repo-
sent les constructions de la place de la Bourse, à
Paris, quelle est la valeur du sol qu'occupent les
landes de Gascogne ou les sables de la Sologne ?

» La solution de ce dernier problème est déjà
trouvée, *grosso modo !* vaille que vaille. Et trouvée
par qui ? Par tout le monde ! et par chacun en particulier, plus ou moins, selon que ce particulier, a
eu plus ou moins d'habileté à éclairer son acheteur
pour lui vendre cher, ou à aveugler son vendeur,
duquel il veut obtenir un bon marché, et cela sous

les yeux de la loi qui, en fait de lésion, a permis la tromperie jusqu'aux cinq douzièmes.»

Ces procédés d'échange de produits et de mobilisation du sol sont d'une application facile — dire qu'elle sera prochaine serait aller au-delà du but que nous nous sommes proposé et n'est pas notre affaire.

Quant à ôter au Bon d'Échange son caractère spécial de signe représentant une chose *déterminée*, comme l'ont proposé quelques échangistes, il n'y faut pas songer; ce serait une grave erreur. Le *Bon d'échange*, ou tout autre *Equivalent*, sera toujours trop élastique; car il doit devenir l'*Année de relâche*, le *Jubilé*, la *Prescription en permanence* contre quiconque résiste, à la consommation, c'est-à-dire arrête la vie universelle.

FIN.

Imp. de Ph. CORDIER, rue du Ponceau, 24.

www.ingramcontent.com/pod-product-compliance
Ingram Content Group UK Ltd.
Pitfield, Milton Keynes, MK11 3LW, UK
UKHW021437090726
13657UKWH00003B/1128